RISBEC,

RESTAURATEUR,

Rue et Place

de l'Odéon,

N° 38 ET N° 2.

Le Mets dont le Consommateur se sera plaint ne figurera sur la Carte payante que pour mémoire.

Les personnes qui occupent les Cabinets sont invitées à commander leur repas par écrit, à l'effet d'éviter les erreurs et d'accélérer le service.

PARIS.
IMPRIMERIE DE E. POCHARD,
RUE DU POT-DE-FER, N° 14.

1828.

	fr.	s.
Huîtres (la douzaine)...........................	»	12

POTAGES.

Printanier..	»	8
Au riz ou vermicelle..............................	»	8
Au pain, à la julienne............................	»	8
Aux légumes, aux choux............................	»	8
A la purée, aux croûtons..........................	»	8
Au macaroni.......................................	»	12
Consommé..	»	10
Potage en tortue..................................	1	»
Idem au lait d'amandes............................	»	15
Potage seul.......................................	»	10

Pain..	»	4

HORS-D'OEUVRE
(froids et chauds.)

HORS-D'ŒUVRE

(FROIDS ET CHAUDS.)

	fr.	s.
Citron	»	6
Tranche de melon d'espèce		
Beurre frais	»	5
Raves et radis nouveaux		
Cornichons	»	5
Trois figues vertes		
Salade d'anchois	»	15
Deux œufs frais	»	8
Deux saucisses	»	8
Deux saucisses aux choux ou à la purée	»	12
Artichauts à la poivrade		
Olives	»	10
Jambon de Bayonne	»	15
Thon mariné	»	15
Petit salé aux choux ou à la purée	»	15
Boudin noir	»	12
Boudin blanc	»	15
Pied de porc aux truffes	1	10
Demi-pied à la Sainte-Menehould	»	10
Rognons de mouton sautés au vin	»	15
Deux rognons de mouton à la brochette	»	12
Choucroûte garnie	»	15
Petits pois au lard		

RELEVÉS DE POTAGES.

RELEVÉS DE POTAGES.

	fr.	s.
Bœuf au naturel........................	»	8
Bœuf à la sauce........................	»	8
Bœuf aux racines........................	»	8
Bœuf aux choux........................	»	8
Bœuf aux tomates........................	»	8
Bœuf à la choucroûte........................	»	8
Tête de veau au naturel........................	»	15
Tête de veau en tortue........................	1	5
Pieds de mouton garnis aux champignons...........	»	15
Pieds frits........................	»	12
Gras-double à la poulette........................		
Gras-double à la lyonnaise........................		

ENTRÉES DE BŒUF.

ENTRÉES DE BŒUF.

	fr.	s
Beef-steak aux fines herbes, au cresson ou au beurre d'anchois	»	15
Beef-steak aux pommes de terre	»	15
Filet de bœuf aux petits pois		
Filet de bœuf sauté dans sa glace	1	»
Filet de bœuf aux olives	1	»
Filet de bœuf aux pointes d'asperges		
Filet de bœuf sauté aux champignons	1	»
Filet de bœuf piqué, sauce piquante	»	15
Filet de bœuf sauté au vin de Madère	1	»
Filet de bœuf aux truffes du Périgord	1	10
Entrecôte, sauce aux cornichons	»	15
Rognons de bœuf sautés au vin	»	15
Roast-beef aux pommes de terre	1	5

ENTRÉES DE VEAU.

	fr.	c.
Côtelette de veau en papillotte	»	15
Riz de veau en caisse ou à la poulette	1	10
Riz de veau piqué à l'oseille ou à la chicorée	1	10
Riz de veau piqué aux tomates et aux petits-pois	1	10
Cervelle de veau à la poulette, aux champignons	»	15
Cervelle de veau frite ou sauce tomate	»	15
Fricandeau au jus, à l'oseille ou à la purée	»	15
Fricandeau aux tomates, à la chicorée ou aux épinards	»	15
Fricandeau aux pointes d'asperges		
Foie de veau à l'italienne ou à la provençale	»	15
Foie de veau sauté au vin	»	15
Oreille de veau farcie, frite, sauce tomate	1	»
Tendon de veau aux haricots	»	15
Tendon de veau aux petits pois ou à la chicorée	»	15
Langue de veau à l'italienne	»	15
Oreilles de veau en marinade	»	15
Pied de veau à l'huile	»	12
Pied de veau frit	»	12

ENTRÉES DE VEAU.

ENTRÉES DE MOUTON.

	fr.	s.
Côtelette de mouton au naturel....................	»	8
Deux côtelettes panées et grillées....................	»	16
Deux côtelettes à la minute....................	»	18
Côtelette sautée aux champignons....................	»	12
Deux côtelettes sauce tomate.....	»	18
Côtelette aux petits pois et aux pointes d'asperges....		
Côtelette à la chicorée...	»	12
Côtelette aux haricots....................	»	12
Côtelette aux laitues....................	»	12
Poitrine de mouton braisée au jus....................	»	12
Poitrine de mouton panée, grillée, sauce piquante...	»	12
Epigramme d'agneau....................		
Blanquette d'agneau....................	»	15
Poitrine de mouton à l'oseille, aux haricots et aux choux	»	12
Gigot aux pointes d'asperges....................		
Gigot braisé au jus....................		
Gigot à l'oseille ou à la chicorée....................	»	15
Gigot aux petits pois, aux haricots....................		
Tendons de mouton aux pointes d'asperges.........		
Tendons de mouton aux petits pois..............		

ENTRÉES DE MOUTON.

ENTRÉES DE PATISSERIE.

	fr.	s.
Vol-au-vent à la financière	1	
Vol-au-vent de blanc de poulet ou de poularde	1	5
Vol-au-vent de godiveau	»	15
Vol-au-vent de cervelle, à l'allemande	»	15
Vol-au-vent de turbot	1	»
Vol-au-vent de saumon	1	5
Vol-au-vent de morue	1	»
Vol-au-vent de mauviettes	1	»
Vol-au-vent d'anguille	1	5
Tourte de godiveau	»	15

ENTRÉES DE PATISSERIE.

ENTRÉES DE VOLAILLE.

	fr.	s.
Chapon au gros sel (le quart)	1	15
Chapon au riz ou à la tartare	2	»
Chapon à la remoulade, sauce à l'estragon ou à la ravigotte	2	»
Quart de poulet au consommé	1	5
Quart de poulet à l'estragon	1	5
Fricassée de poulet garnie (le quart)	1	10
Fritot de poulet, sauce tomate (le quart)	1	10
Poulet à la tartare ou à la marinade (le quart)	1	10
Blanquette de poularde ou de dindonneau	1	5
Coquille de blanc de poularde à la béchamelle	1	5
Coquille de blanc de poularde à la financière, aux truffes	1	15
Filet de poularde au suprême, au champ	2	»
Cuisse de poulet à la financière	1	15
Cuisse de poulet aux olives	1	10
Ragoût mêlé de crêtes et rognons de coqs	1	15
Poulet gras en salade garni d'anchois et œufs (le quart)	1	15
Canard aux navets ou aux choux (le quart)	1	»
Canard aux olives (le quart)	1	5
Pigeon de volière à la crapaudine ou à la tartare	2	»
Pigeon de volière aux petits pois ou en compote	2	»
Dinde sauce piquante, ou à la remoulade (le quart)	1	10
Poulet à la marengo (la moitié)	3	»
Poulet gras sauté aux champignons (la moitié)	3	»
Carrik à l'indienne	1	15
Cuisse de poulet en papillotte	1	10
Galantine	1	10
Pâté de foie gras	1	10
Pain de foie gras	1	10
Pâté de Strasbourg	1	10

ENTRÉES DE VOLAILLE.

R.F.

ENTRÉES DE GIBIER.

	fr.	s.
Filet de chevreuil, sauce piquante	»	15
Filet de chevreuil aux tomates	»	15
Perdrix aux choux ou à la purée	3	10
Idem, garnie (la moitié)	1	15
Perdreau en salmi (la moitié)	1	15
3 mauviettes au gratin	1	»
3 mauviettes sautées au beurre	»	18
3 mauviettes en salmi	1	»
Caille grasse	2	»
2 grives grasses	1	10
Emincé de chevreuil	»	15
Civet de lièvre		
Gibelotte de lapereau		
Lapereau sauté aux champignons		

ENTRÉES DE GIBIER.

ENTRÉES DE POISSON.

	fr.	s.
Raie à la maître-d'hôtel, ou au beurre noir.........	»	15
Morue à la maître-d'hôtel ou à la lyonnaise.........	1	»
Morue à la hollandaise.........................	1	»
Turbot sauce aux câpres ou à l'huile..............	1	»
Turbot à la flamande..........................	1	5
Saumon, sauce aux câpres ou à l'huile............	1	5
Saumon à la genevoise.........................	1	5
Truite saumonée, sauce au beurre................	1	5
Merlan au gratin ou sur le plat..................	1	5
Merlan frit...................................	1	»
Merlan grillé, sauce aux câpres ou tomate..........	1	5
Filet de merlan aux champignons..................	1	10
Carlet sur le plat ou au gratin...................	1	»
Carlet frit....................................	»	15
Sole au gratin................................	1	5
Sole frite....................................	1	»
Filet de sole aux champignons....................	1	5
Limande sur le plat............................	1	»
Limande frite.................................	»	15
Hareng frais laité, sauce à la moutarde ou à la maître-d'hôtel..............................	»	12
Eperlans frits................................	1	«
Goujons frits.................................	1	»
Anguille à la poulette ou à la tartare.............	1	5
Matelotte d'anguille et de carpe..................	1	5
Carpe en étuvée (la moitié)......................	1	5
Carpe frite, laitée (la moitié)...................	1	
Maquereau laité à la maître-d'hôtel (la moitié)......		
Maquereau au beurre noir.......................		
Brochet, sauce aux câpres ou à l'huile...........	»	18
Alose de Seine, à l'oseille ou à la maitre-d'hôtel...		
Moules à la poulette ou à la maître-d'hôtel.........		
Ecrevisses de Seine, au vin blanc................	1	»

ENTRÉES
DE POISSON.

ROTS.

	fr.	s.
Pigeon de volière	2	»
Poularde aux truffes, de commande	12	»
Poulet gras au truffes, de commande	8	»
Filet de bœuf piqué	1	»
Gigot de Présalé		
Agneau		
Veau rôti	»	15
Poularde au cresson (le quart)	1	15
Poulet gras au cresson	5	»
Dinde grasse (le quart)	1	15
Perdreau gris	3	»
Perdreau rouge	4	»
Bécasse		
Bécassine		
Levreau piqué		
Trois mauviettes	»	18
Caille grasse	2	»
Pluvier doré		
Canard sauvage	4	»
Sarcelle		
Salades de toutes saisons	»	15

ROTS.

ENTREMETS.

	fr.	s.
Laitue au jus	»	15
Chicorée au jus ou à la crême	»	15
Petits pois au naturel		
Petits pois à la crême ou au sucre		
Petites fèves de marais à la crême ou au sucre		
Purée de pois verts aux croûtons	»	15
Haricots blancs nouveaux à la maître-d'hôtel, au jus ou en salade	»	
Haricots verts nouveaux à l'anglaise ou à la maître-d'hôtel		
Asperges à la sauce ou à l'huile		
Asperges en petits pois	»	
Choux-fleurs au fromage	1	»
Choux-fleurs à la sauce	»	15
Choux de Bruxelles, sautés au beurre	»	15
Id. à l'anglaise	»	15
Id. au jus	»	15
Pommes-de-terre à la maître-d'hôtel ou frites	»	15
Epinards au jus	»	15
Epinards à la crême ou au sucre	»	15
Salsifis à la sauce	»	15
Salsifis frits	»	15
Cardons au jus, ou sauce au beurre	»	18
Macédoine de légumes au jus ou à la crême	1	
Artichauts à la sauce ou à l'huile		
Artichauts frits		
Artichauts à la barigoule		
Artichauts d'Espagne au jus	1	»
Artichauts d'Espagne au beurre	1	»

Suite des Entremets.

SUITE DES ENTREMETS.

	fr.	s.
Artichauts d'Espagne à la poulette	1	»
Id. frits	1	»
Coquilles aux champignons	1	5
Coquilles aux truffes	1	15
Croûtes aux champignons	1	
Croûtes aux truffes	1	10
Truffes sautées au vin de Champagne ou à l'italienne	2	10
Truffes à la serviette	2	10
Macaroni à l'italienne ou au gratin	1	»
Coquille de macaroni	»	15
Omelette aux fines herbes	»	12
Omelette au sucre	»	18
Omelette aux confitures ou aux pommes	»	18
Omelette aux rognons ou au jambon	»	18
Trois œufs pochés au jus ou à l'oseille	»	15
Trois œufs brouillés au verjus	»	15
Trois œufs aux pointes d'asperges		
Trois œufs brouillés aux truffes	1	5
Beignets de pommes	1	»
Charlotte de pommes	1	5
Charlotte aux confitures	1	5
Pâtisserie assortie	»	18
Gâteau d'amandes	»	15
Petit pot de crême	»	10
Beignets d'abricots		
Beignets de pêches		
Soufflé de pommes-de-terre	1	10
Soufflé au riz	1	10
Omelette soufflée	1	5
Croquette de riz	»	18
Tourte aux cerises	»	15
Id. aux confitures	»	15
Id. aux abricots	»	15
Plumpudding à l'eau-de-vie	1	10
Id. au Madère	1	10
Id. au rhum	1	10
Id. sauce au Madère	1	15

DESSERT.

	fr.	c.
Deux meringues aux confitures	»	15
Deux meringues à la crème	»	15
Chasselas de Fontainebleau	1	»
Raisin noir		
Fraises au sucre		
Groseilles au sucre		
Cerises ou guignes		
Trois figues vertes		
Prunes de monsieur		
Prunes de reine-claude		
Orange au sucre	1	»
Deux abricots-pêches		
Pêche au sucre		
Pêche sans sucre		
Poire de Saint-Germain	»	10
Poire de beurré	»	
Poire de cressanne		
Pomme de reinette	»	8
Pomme de calville	»	8
Trois pommes d'api	»	10
Amandes vertes	»	
Marrons de Lyon	»	8
Noix vertes		
Cerneaux		
Quatre-mendians	»	10
Fromage à la crème	1	»
Fromage de Rocquefort	»	8
Fromage de Chester	»	8
Fromage de Brie	»	5

DESSERT.

Suite du Dessert.

SUITE DU DESSERT.

	fr.	s.
Fromage de Gruyère	»	4
Fromage de Neufchâtel (la moitié)	»	4
Compote de poires	»	12
Compote de pommes	»	12
Marmelade de pommes glacée	»	12
Pruneaux en compote	»	12
Confitures de toutes espèces	»	12
Salade d'orange	1	»
Macarons	»	8
Pêche à l'eau-de-vie	»	15
Abricot à l'eau-de-vie	»	10
Deux prunes à l'eau-de-vie	»	12
Cerises à l'eau-de-vie	»	6
Biscuit	»	6
Biscuit à la cuillère	»	8
Biscuit à la vanille	»	8
Id. de Reims	»	6
2 Chinois	»	12

VINS ROUGES.

	fr.	s.
ourgogne ordinaire (la bouteille)	1	»
oigny-Rosé	1	5
Iàcon vieux	1	10
;ôte Saint-Jacques	1	15
'oulanges	1	15
'horin	1	15
Ioulin-à-Vent	1	15
Iarbonne	2	»
;eaune	2	»
;eaune, première qualité	2	10
'avel	2	10
Roussillon	3	»
'omard	3	10
'olnay	3	10
Nuits	4	»
Iercuray	3	»
Chambertin	5	»
Chassagne	5	»
Richebourg	5	»
Corton-d'Alose	6	»
Romanée-Conti	6	»
Bordeaux ordinaire	2	»
Bordeaux-Médoc	3	»
Bordeaux Château-Margaux	4	»
Bordeaux-Lafitte	6	»
Bordeaux-Ségur	6	»
Porto		»
Ermitage	5	»
Côte-Rotie	6	»

VINS ROUGES.

VINS BLANCS.

	fr.	s.
·dinaire (la bouteille)	1	
ablis	1	10
ablis, première qualité	2	»
ouilly fuscé	2	10
ursault	3	
ndrieux	3	10
Arbois	4	»
rave	3	10
uterne	5	»
uterne vieux	6	
int-Perray	5	
ôte-Rôtie	5	»
rmitage	5	»
isanne de Champagne	4	
hampagne non mousseux	5	
Id. mousseux	6	
emi-bouteille	3	
hampagne-Rosé	6	
hampagne-Sillery	7	

VINS DE LIQUEURS.

	fr.	s.	s.
ıscat de Lunel (la bouteille)	4	» le verre	12
ontignan	4	»	12
ılaga	6	»	15
labre	6	»	15
mi–bouteille	3	»	
icante	6	»	15
enache	5	»	12
mi–bouteille	2	10	
ta	6	»	15
mi–bouteille	3	»	
caret	6	»	15
alvoisie	7	»	15
adère	7	»	15
Id. sec	7	»	15

VINS DE LIQUEURS.

CAFÉ ET LIQUEURS.

	fr.	s
La demi-tasse	»	8
Eau-de-vie de Cognac (le petit verre)	»	4
Absinthe	»	8
Rhum de la Jamaïque	»	8
Kirschenwasser	»	8
Anisette de Bordeaux	»	8
Anisette de Hollande	»	10
Crême de fleur d'orange	»	10
Curaçao	»	8
Curaçao de Hollande	»	10
Eau-de-vie de Dantzick	»	15
Marasquin	»	15
Crême de Menthe	»	8
Crême de Moka	»	8
Huile de rose	»	8
Id. de vanille	»	8
Crême de noyau	»	8

www.ingramcontent.com/pod-product-compliance
Ingram Content Group UK Ltd.
Pitfield, Milton Keynes, MK11 3LW, UK
UKHW022010260726
13994UKWH00004B/1998